लहर और चित्राधार

LECTOR HOUSE PUBLIC DOMAIN WORKS

This book is a result of an effort made by Lector House towards making a contri bution to the preservation and repair of original classic literatureThe original tex is in the public domain in the United States of America, and possibly other coun tries depending upon their specific copyright laws.

In an attempt to preserve, improve and recreate the original content, certain con ventional norms with regard to typographical mistakes, hyphenations, punctua tions and/or other related subject matters, have been corrected upon our consider ationHowever, few such imperfections might not have been rectified as they were inherited and preserved from the original content to maintain the authenticity and construct, relevant to the workThe work might contain a few prior copyright ref erences as well as page references which have been retained, wherever considered relevant to the part of the constructWe believe that this work holds historical, cul tural and/or intellectual importance in the literary works community, therefore despite the oddities, we accounted the work for print as a part of our continuing effort towards preservation of literary work and our contribution towards the de velopment of the society as a whole, driven by our beliefs.

We are grateful to our readers for putting their faith in us and accepting our imper fections with regard to preservation of the historical contentWe shall strive hard to meet up to the expectations to improve further to provide an enriching reading experience.

Though, we conduct extensive research in ascertaining the status of copyrigh before redeveloping a version of the content, in rare cases, a classic work migh be incorrectly marked as not-in-copyrightIn such cases, if you are the copyrigh holder, then kindly contact us or write to us, and we shall get back to you with ar immediate course of action.

HAPPY READING!

लहर और चित्राधार

जयशंकर प्रसाद

ISBN: 978-93-90112-86-9

Published: -

LECTOR HOUSE LLP
E-MAIL: lectorpublishing@gmail.com

लहर और चित्राधार

जयशंकर प्रसाद

अनुक्रम

चित्राधार

लहर

लहर

१

वे कुछ दिन कितने सुंदर थे?
जब सावन घन सघन बरसते
इन आँखों की छाया भर थे

सुरधनु रंजित नवजलधर से-
भरे क्षितिज व्यापी अंबर से
मिले चूमते जब सरिता के
हरित कूल युग मधुर अधर थे

प्राण पपीहे के स्वर वाली
बरस रही थी जब हरियाली
रस जलकन मालती मुकुल से
जो मदमाते गंध विधुर थे

चित्र खींचती थी जब चपला
नील मेघ पट पर वह विरला
मेरी जीवन स्मृति के जिसमें
खिल उठते वे रूप मधुर थे

२

उठ उठ री लघु लोल लहर!
करुणा की नव अंगड़ाई-सी,
मलयानिल की परछाई-सी
इस सूखे तट पर छिटक छहर!

शीतल कोमल चिर कम्पन-सी,
दुर्ललित हठीले बचपन-सी,
तू लौट कहाँ जाती है री
यह खेल खेल ले ठहर-ठहर!

उठ-उठ गिर-गिर फिर-फिर आती,
नर्तित पद-चिह्न बना जाती,
सिकता की रेखायें उभार
भर जाती अपनी तरल-सिहर!

तू भूल न री, पंकज वन में,
जीवन के इस सूनेपन में,
ओ प्यार-पुलक से भरी ढुलक!
आ चूम पुलिन के बिरस अधर!

अशोक की चिन्ता

जलता है यह जीवन पतंग

जीवन कितना? अति लघु क्षण,
ये शलभ पुंज-से कण-कण,
तृष्णा वह अनलशिखा बन
दिखलाती रक्तिम यौवन।
जलने की क्यों न उठे उमंग?

हैं ऊँचा आज मगध शिर
पदतल में विजित पड़ा,
दूरागत क्रन्दन ध्वनि फिर,
क्यों गूँज रही हैं अस्थिर

कर विजयी का अभिमान भंग?

इन प्यासी तलवारों से,
इन पैनी धारों से,
निर्दयता की मारो से,
उन हिंसक हुंकारों से,

नत मरतक आज हुआ कलिंग।

यह सुख कैसा शासन का?
शासन रे मानव मन का!
गिरि भार बना-सा तिनका,
यह घटाटोप दो दिन का

फिर रवि शशि किरणों का प्रसंग!

यह महादम्भ का दानव
पीकर अनंग का आसव
कर चुका महा भीषण रव,
सुख दे प्राणी को मानव
तज विजय पराजय का कुढंग।

संकेत कौन दिखलाती,
मुकुटों को सहज गिराती,

जयमाला सूखी जाती,
नश्वरता गीत सुनाती,

तब नही थिरकते हैं तुरंग।

बैभव की यह मधुशाला,
जग पागल होनेवाला,
अब गिरा-उठा मतवाला
प्याले में फिर भी हाला,

यह क्षणिक चल रहा राग-रंग।

काली-काली अलकों में,
आलस, मद नत पलकों में,
मणि मुक्ता की झलकों में,
सुख की प्यासी ललकों में,

देखा क्षण भंगुर हैं तरंग।

फिर निर्जन उत्सव शाला,
नीरव नूपुर श्लथ माला,
सो जाती हैं मधु बाला,
सूखा लुढ़का हैं प्याला,

बजती वीणा न यहाँ मृदंग।

इस नील विषाद गगन में
सुख चपला-सा दुख घन मे,
चिर विरह नवीन मिलन में,
इस मरु-मरीचिका-वन में

उलझा हैं चंचल मन कुरंग।

आँसु कन-कन ले छल-छल
सरिता भर रही दृगंचल;
सब अपने में हैं चंचल;
छूटे जाते सूने पल,

खाली न काल का हैं निषंग।

वेदना विकल यह चेतन,
जड़ का पीड़ा से नर्तन,
लय सीमा में यह कम्पन,
अभिनयमय हैं परिवर्तन,

चल रही यही कब से कुढंग।

करुणा गाथा गाती हैं,
यह वायु बही जाती है,
ऊषा उदास आती हैं,
मुख पीला ले जाती है,

वन मधु पिंगल सन्ध्या सुरंग।

आलोक किरन हैं आती,
रेश्मी डोर खिंच जाती,
दृग पुतली कुछ नच पाती,
फिर तम पट में छिप जाती,

कलरव कर सो जाते विहंग।

जब पल भर का हैं मिलना,
फिर चिर वियोग में झिलना,
एक ही प्राप्त हैं खिलना,
फिर सूख धूल में मिलना,

तब क्यों चटकीला सुमन रंग?

संसृति के विक्षत पर रे!
यह चलती हैं डगमग रे!
अनुलेप सदृश तू लग रे!
मृदु दल बिखेर इस मग रे!

कर चुके मधुर मधुपान भृंग।

भुनती वसुधा, तपते नग,
दुखिया है सारा अग जग,
कंटक मिलते हैं प्रति पग,
जलती सिकता का यह मग,

बह जा बन करुणा की तरंग,
जलता हैं यह जीवन पतंग।

प्रलय की छाया

थके हुए दिन के निराशा भरे जीवन की
सन्ध्या हैं आज भी तो धूसर क्षितिज में!
और उस दिन तो;
निर्जन जलधि-वेला रागमयी सन्ध्या से
सीखती थी सौरभ से भरी रंग-रलियाँ।
दूरागत वंशी रव
गूँजता था धीवरों की छोटी-छोटी नावों से।
मेरे उस यौवन के मालती-मुकुल में
रंध्र खोजती थी, रजनी की नीली किरणें
उसे उकसाने को-हँसाने को।
पागल हुई मैं अपनी ही मृदुगन्ध से
कस्तूरी मृग जैसी।

पश्चिम जलधि में,
मेरी लहरीली नीली अलकावली समान
लहरें उठती थी मानों चूमने को मुझको,
और साँस लेता था संसार मुझे छुकर।
नृत्यशीला शैशव की स्फूर्तियाँ
दौड़कर दूर जा खड़ी हो हँसने लगी।
मेरे तो,
चरण हुए थे विजड़ित मधु भार से।
हँसती अनंग-बालिकाएँ अन्तरिक्ष में
मेरी उस क्रीड़ा के मधु अभिषेक में
नत शिर देख मुझे।

कमनीयता थी जो समस्त गुजरात की
हुई एकत्र इस मेरी अंगलतिका में,
पलकें मदिर भार से थीं झुकी पड़ती।
नन्दन की शत-शत दिव्य कुसुम-कुन्तला
अप्सराएँ मानो वे सुगन्ध की पुतलियाँ
आ आकर चूम रहीं अरुण अधर मेरा
जिसमें स्वयं ही मुस्कान खिल पड़ती।
नूपुरों की झनकार घुली-मिली जाती थी
चरण अलक्तक की लाली से
जैसे अन्तरिक्ष की अरुणिमा

पी रही दिगन्त व्यापी सन्ध्या संगीत को।

कितनी मादकता थी?
लेने लगी झपकी मैं
सुख रजनी की विश्रम्भ-कथा सुनती;
जिसमें थी आशा
अभिलाषा से भरी थी जो
कामना के कमनीय मृदुल प्रमोद में
जीवन सुरा की वह पहली ही प्याली थी।
"आँखे खुली;
देखा मैने चरणों में लोटती थी
विश्व की विभव-राशि,
और थे प्रणत वहीं गुर्जर-महीप भी।
वह एक सन्ध्या था।"

"श्यामा सृष्टि युवती थी
तारक-खचिक नीलपट परिधान था
अखिल अनन्त में
चमक रही थी लालसा की दीप्त मणियाँ
ज्योतिमयी, हासमयी, विकल विलासमयी
बहती थी धीरे-धीरे सरिता
उस मधु यामिनी में
मदकल मलय पवन ले ले फूलों से
मधुर मरन्द-बिन्द उसमें मिलाता था।
चाँदनी के अंचल में।
हरा भरा पुलिन अलस नींद ले रहा।

सृष्टि के रहस्य भी परखने को मुझको
तारिकाएँ झाँकती थी।
शत शतदलों की
मुद्रित मधुर गन्ध भीनी-भीनी रोम में
बहाती लावण्य धारा।
स्मर शशि किरणें
स्पर्श करती थी इस चन्द्रकान्त मणि को
स्निग्धता बिछलाती थी जिस मेरे अंग पर।

अनुराग पूर्ण था हृदय उपहार में
गुर्जरेश पाँवड़े बिछाते रहे पलकों के,
तिरते थे
मेरी अँगड़ाइयों की लहरों में।
पीते मकरन्द थे
मेरे इस अधखिले आनन सरोज का
कितना सोहाग था, कैसा अनुराग था?
खिली स्वर्ण मल्लिका की सुरभित वल्लरी-सी

गुर्जर के थाले में मरन्द वर्षा करती मैं।"

"और परिवर्तन वह!
क्षितिज पटी को आन्दोलित करती हुई
नीले मेघ माला-सी
नियति-नटी थी आई सहसा गगन में
तड़ित विलास-सी नचाती भौंहें अपनी।"
"पावक-सरोवर में अवभृथ स्नान था
आत्म-सम्मान-यज्ञ की वह पूर्णाहुति
सुना-जिस दिन पद्मिनी का जल मरना
सती के पवित्र आत्म गौरव की पुण्य-गाथा
गूँज उठी भारत के कोने-कोने जिस दिन;
उन्नत हुआ था भाल
महिला-महत्त्व का।

दृप्त मेवाड़ के पवित्र बलिदान का
ऊर्जित आलोक
आँख खोलता था सबकी।
सोचने लगी थी कुल-वधुएं, कुमारिकाएँ
जीवन का अपने भविष्य नये सिर से;
उसी दिन
बींधने लगी थी विषमय परतंत्रता।
देव-मन्दिरों की मूक घंटा-ध्वनि
व्यंग्य करती थी जब दीन संकेत से
जाग उठी जीवन की लाज भरी निद्रा से।

मै भी थी कमला,
रूप-रानी गुजरात की।
सोचती थी
पद्मिनी जली थी स्वयं किन्तु मैं जलाऊँगी
वह दवानल ज्वाला
जिसमें सुलतान जले।
देखे तो प्रचंड रूप-ज्वाला की धधकती
मुझको सजीव वह अपने विरुद्ध।
आह! कैसी वह स्पर्द्धा थी?
स्पर्द्धा थी रूप की
पद्मिनी की वाह्य रूप-रेखा चाहे तुच्छ थी,
मेरे इस साँचे में ढले हुए शरीर के
सन्मुख नगण्य थी।

देखकर मुकुर, पवित्र चित्र पद्मिनी का
तुलना कर उससे,
मैने समझा था यही।
वह अतिरंजित-सी तूलिका चितेरी की

फिर भी कुछ कम थी।
किन्तु था हृदय कहाँ?
वैसा दिव्य
अपनी कमी थी इतरा चली हृदय की
लधुता चली थी माप करने महत्त्व की।

"अभिनय आरम्भ हुआ
अन-हलवाड़ा में अनल चक्र घूमा फिर
चिर अनुगत सौन्दर्य के समादर में
गुञ्जरिश मेरी उन इंगितों में नाच उठे।
नारी के चयन! त्रिगुणात्मक ये सन्निपात
किसको प्रमत्त नहीं करते
धैर्य किसका नहीं हरते ये?
वही अस्त मेरा था।
एक झटके में आज
गुर्जर स्वतंत्र साँस लेता था सजीव हो।

क्रोध सुलतान का दग्ध करने लगा
दावानल बनकर
हरा भरा कानन प्रफुल्ल गुजरात का।
बालको की करुण पुकारें, और वृद्धों की
आर्तवाणी,
क्रन्दन रमणियों का,
भैरव संगीत बना, तांडव-नृत्य-सा
होने लगा गुर्जर में।
अट्टहास करती सजीव उल्लास से
फाँद पड़ी मैं भी उस देश की विपत्ति में।

वही कमला हूँ मैं!
देख चिरसंगिनी रणांगण में, रंग में,
मेरे वीर पति आह कितने प्रसन्न थे
बाधा, विघ्न, आपदाएँ,
अपनी ही क्षुद्रता में टलती-बिचलती
हँसते वे देख मुझे
मै भी स्मित करती।
किन्तु शक्ति कितनी थी उस कृत्रिमता में?
संबल बचा न जब कुछ भी स्वदेश में
छोड़ना पड़ा ही उसे।
निर्वासित हम दोनों खोजते शरण थे,
किन्तु दुर्भाग्य पीछा करने में आगे था।

"वह दुपहरी थी,
लू से झुलसानेवाली; प्यास से जलानेवाली।
थके सो रहे थे तरुछाया में हम दोनों

तुर्कों का एक दल आया झंझावात-सा।
मेरे गुज्जरेश!
आज किस मुख से कहूँ?
सच्चे राजपूत थे,
वह खंग लीला खड़ी देखती रही मैं वही
गत-प्रत्यागत में और प्रत्यावर्तन में
दूर वे चले गये,
और हुई बन्दी मै।

वाह री नियति!
उस उज्जवल आकाश में
पद्मिनी की प्रतिकृति-सी किरणों में बनकर
व्यंग्य-हास करती थी।
एक क्षण भ्रम के भुलावे में डालकर
आज भी नचाता वही,
आज सोचती हूँ जैसे पद्मिनी थी कहती-
"अनुकरण कर मेरा"
समझ सकी न मैं।
पद्मिनी की भूल जो थी समझने को
सिंहिनी की दृप्त मूर्ति धारण कर
सन्मुख सुलतान के
मारने की, मरने की अटल प्रतिज्ञा हुई।

उस अभिमान में
मैंने ही कहा था - छाती ऊँची कर उनसे -
"ले चलो मैं गुर्जर की रानी हूँ, कमला हूँ"
वाह री! विचित्र मनोवृत्ति मेरी!
कैसा वह तेरा व्यंग्य परिहास-शील था?
उस आपदा में आया ध्यान निज रूप का।
रूप यह!
देखे तो तुरुष्कपति मेरा भी
कितनी महीन और कितनी अभूतपूर्व?

बन्दिनी मैं बैठी रही
देखती थी दिल्ली कैसी विभव विलासिनी।
यह ऐश्वर्य की दुलारी, प्यारी क्रूरता की
एक छलना-सी, सजने लगी थी सन्ध्या में।
कृष्णा वह आई फिर रजनी भी।
खोलकर ताराओं की विरल दशन पंक्ति
अट्टहास करती थी दूर मानो व्योम में।
जो न सुन पड़ा अपने ही कोलाहल में!

कभी सोचती थी प्रतिशोध लेना पति का
कभी निज रूप सुन्दरता की अनुभूति

क्षणभर चाहती जगाना मैं
सुलतान ही के उस निर्मम हृदय में,
नारी मैं!
कितनी अबला थी और प्रमदा थी रूप की!

साहस उमड़ता था वेग-पूर-ओघ-सा
किन्तु हलकी थी मैं,
तृण बह जाता जैसे
वैसे मैं विचारों में ही तिरती-सी फिरती।
कैसी अवहेलना थी यह मेरी शत्रुता की
इस मेरे रूप की।

आज साक्षात होगा कितने महीनों पर
लहरी-सदृश उठती-सी गिरती-सी मैं
अद्भूत! चमत्कार!! तृप्त निज गरिमा में
एक सौंदर्यमयी वासना की आँधी-सी
पहुँची समीप सुलतान के।
तातारी दासियों मे मुझको झुकाना चाहा
मेरे ही घुटनों पर,
किन्तु अविचल रही।
मणि-मेखला में रही कठिन कृपानी जो
चमकी वह सहसा
मेरे ही वक्ष का रुधिर पान करने को।
किन्तु छिन गई वह
और निरुपाय मैं तो ऐंठ उठी डोरी-सी,
अपमान-ज्वाला में अधीर होके जलती।

अन्त करने का और वहीं मर जाने का
मेरा उत्साह मन्द हो चला।
उसी क्षण बचकर मृत्यु महागर्त से सोचने लगी थी मैं-

"जीवन सौभाग्य हैं; जीवन अलभ्य हैं।"
चारों और लालसा भिखरिणी-सी माँगती थी
प्राणों के कण-कण दयनीय स्पृहणीय
अपने विश्लेषण रो उठे अकिंचन जो
"जीवन अनन्त हैं,
इसे छिन्न करने का किसे अधिकार हैं?"
जीवन की सीमामयी प्रतिमा
कितनी मधुर हैं?
विश्व-भर से मैं जिसे छाती मे छिपाये रही।

कितनी मधुर भीख माँगते हैं सब ही:-
अपना दल-अंचल पसारकर बन-राजी,
माँगती हैं जीवन का बिन्द-बिन्द ओस-सा

क्रन्दन करता-सा जलनिधि भी
माँगता हैं नित्य मानो जरठ भिखारी-सा
जीवन की धारा मीठी-मीठी सरिताओं से।
व्याकुल हो विश्व, अन्ध तम से
भोर में ही माँगता हैं
"जीवन की स्वर्णमयी किरणें प्रभा भरी।
जीवन ही प्यारा हैं जीवन सौभाग्य है।"

रो उठी मैं रोष भरी बात कहती हुई
"मारकर भी क्या मुझे मरने न दोगे तुम?
मानती हूँ शक्तिशाली तुम सुलतान हो
और मैं हूँ बन्दिनी।
राज्य हैं बचा नहीं,
किन्तु क्या मनुष्यता भी मुझमें रही नहीं
इतनी मैं रिक्त हूँ?"
क्षोभ से भरा कंठ फिर चुप हो रही।

शक्ति प्रतिनिधि उस दप्त सुलतान की
अनुनय भरी वाणी गूँज उठा कान में।
"देखता हूँ मरना ही भारत की नारियों का
एक गीत-भार हैं!
रानी तुम बन्दिनी हो मेरी प्रार्थनाओं में
पश्चिमी को खो दिया हैं
किन्तु तुमको नहीं!
शासन करोगी इन मेरी क्रूरताओं पर
निज कोमलता से-मानस की माधुरी से!
आज इस तीव्र उत्तेजना की आँधी में
सुन न सकोगी, न विचार ही करोगी तुम
ठहरो विश्राम करों।"
अति द्रुत गति से
कब सुलतान गये
जान सकी मैं न, और तब से
यह रंगमहल बना सुवर्ण पींजरा।

"एक दिन, संध्या थी;
मलिन उदास मेरे हृदय पटल-सा
लाल पीला होता था दिगन्त निज क्षोभ से।
यमुना प्रशान्त मन्द-मन्द निज धारा में,
करुण विषाद मयी
बहती थी धरा के तरल अवसाद-सी।
बैठी हुई कालिमा की चित्र-पटी देखती
सहसा मैं चौंक उठी द्रुत पद-शब्द से।

सामने था

शैशव से अनुचर
मानिक युवक अब
खिंच गया सहसा
पश्चिम-जलधि-कूल का वह सुरम्य चित्र
मेरी इन दुखिया अँखड़ियों के सामने।
जिसको बना चुका था मेरा यह बालपन
अद्त कुतूहल औ' हँसी की कहानी से।

मैने कहा:-
"कैसे तू अभागा यहाँ पहुँचा हैं मरने?"
"मरने तो नहीं यहाँ जीवन की आशा में
आ गया हूँ रानी! -भला
कैसे मैं न आता यहाँ?"
कह, वह चुप था।
छूरे एक हाथ में
दूसरे सो दोनों हाथ पकड़े हुए वहीं
प्रस्तुत थीं तातारी दासियाँ।
सहसा सुलतान भी दिखाई पड़े,
और मैं थी मूक गरिमा के इन्द्रजाल में।

"मृत्युदंड!"
वज्र-निर्घोष-सा सुनाई पड़ा भीषणतम
मरता है मानिक!
गूँज उठा कानों में-
"जीवन अलभ्य हैं; जीवन सौभाग्य हैं।"
उठी एक गर्व-सी
किन्तु झुक गई अनुनय की पुकार में
"उसे छोड़ दीजिए" - निकल पडा मुँह से।

हँसे सुलतान,और अप्रतिम होती मैं
जकड़ी हुई थी अपनी ही लाज-श्रृंखला में।
प्रार्थना लौटाने का उपाय अब कौन था?
अपने अनुग्रह के भार से दबाते हुए
कहा सुलतान ने-
"जाने दो रानी की पहली यह आज्ञा हैं।"
हाय रे हृदय! तूने
कौड़ी के मोल बेचा जीवन का मणि-कोष
और आकाश को पकड़ने की आशा में
हाथ ऊँचा किये सिर दे दिया अतल में।

"अन्तर्निहित था
लालसाएँ, वासनाएँ जितनी अभाव में
जीवन की दीनता में और पराधीनता में
पलने लगीं वे चेतना के अनजान में।

धीरे-धीरे आती हैं जैसे मादकता
आँखों के अजान में, ललाई में ही छिपती;
चेतना थी जीवन की फिर प्रतिशोध की।
किन्तु किस युग से वासना के बिन्द रहे सींचते
मेरे संवेदनो को।
यामिनी के गूढ़ अन्धकार में
सहसा जो जाग उठे तारा से
दुर्बलता को मानती-सी अवलम्ब मैं
खडी हुई जीवन की पिच्छिल-सी भूमि पर।
बिखरे प्रलोभनों को मानती-सी सत्य मैं
शासन की कामना में झूमी मतवाली हो।

एक क्षण, भावना के उस परिवर्तन का
कितना अर्जित था?
जीवित हैं गुज्जरीश! कण्दिव!
भेजा संदेश मुझे "शीघ्र अन्त कर दो
जीवन की लीला।"
लालसा की अर्द्ध कृति-सी!
उस प्रत्यावर्तन मे प्राण जो न दे सके, हाँ
जीवित स्वयं हैं।

जियें फिर क्यों न सब अपनी ही आशा में?
बन्दिनी हुई मैं अबला थी;
प्राणों का लोभ उन्हें फिर क्यों न बचा सका?
प्रेम कहाँ मेरा था?
और मुझमे भी कैसे कहूँ शुद्ध प्रेम था।
मानिक कहता हैं, आह, मुझे मर जाने को।
रूप न बनाया रानी मुझे गुजरात की,
वही रूप आज मुझे प्रेरित था करता
भारतेश्वरी का पद लेने को।

लोभ मेरा मूर्तिमान, प्रतिशोध था बना
और सोचती थी मैं, आज हूँ विजयिनी
चिर पराजित सुलतान पद तल में।
कृष्णागुरुवर्तिका
जल चुकी स्वर्ण पात्र के ही अभिमान में
एक धूम-रेखा मात्र शेष थी,
उस निस्पन्द रंग मन्दिर के व्योम में
क्षीणगन्ध निरवलम्ब।
किन्तु मैं समझती थी, यही मेरी जीवन हैं!
यह उपहार हैं, भृंगार हैं।
मेरा रूप माधुरी का।

मणि नूपुरों की बीन बजी, झनकार से

गूँज उठी रंगशाला इस सौन्दर्य की
विश्व था मनाता महोत्सव अभिमान का
आज विजयी था रूप
और साम्राज्य था नृशंस क्रूरताओं का
रूप माधुरी की कृपा-कोर को निरखता
जिसमें मदोद्धत कटाक्ष की अरुणिमा
व्यंग्य करती थी विश्व भर के अनुराग पर।
अवहेलना से अनुग्रह थे बिखरते।
जीवन के स्वप्न सब बनते-बिगड़ते थे
भवें बल खाती जब;
लोगों की अदृष्ट लिपि लिखी-पढ़ी जाती थी
इस मुसक्यान के, पद्मराग-उद्गम से
बहता सुगन्ध की सुधा का सोता मन्द-मन्द।

रतन राजि, सींची जाती सुमन-मरन्द से
कितनी ही आँखों की प्रसन्न नील ताराएँ
बनने को मुकुर-अचंचल, निस्पन्द थी।
इन्हीं मीन दृगों को चपल संकेत बन
शासन, कुमारिका से हिमालय-श्रृंग तक
अथक अबाध और तीव्र मेध-ज्योति-सा
चलता था-
हुआ होगा बनना सफल जिसे देखकर
मंजु मीन-केतन अनंग का।
मुकुट पहनते थे सिर, कभी लोटते थे
रक्त दग्ध धरणी में रूप की विजय में।
हर में सुलतान की
देखती सशंक दृग कोरों से
निज अपमान को।"

"बेच दिया
विश्व इन्द्रजाल में सत्य कहते हैं जिसे;
उसी मानवता के आत्म सम्मान को।"
जीवन में आता हैं परखने का
जिसे कोई एक क्षण,
लोभ, लालसा या भय, क्रोध, प्रतिशोध के
उग्र कोलाहल में,
जिसकी पुकार सुनाई ही नही पड़ती।
सोचा था उस दिन:
जिस दिन अधिकार-क्षुब्ध उस दास ने,
अन्त किया छल से काफूर ने
अलाउद्दीन का, मुमूर्षु सुलतान का।

आँधी में नृशंसता की रक्त-वर्षा होने लगी
रूप वाले, शीश वाले, प्यार से फले हुए

प्राणी राज-वंश के
मारे गये।
वह एक रक्तमयी सन्ध्या थी।
शक्तिशाली होना अहोभाग्य हैं
और फिर
बाधा-विघ्न-आपदा के तीव्र प्रतिघात का
सबल विरोध करने में कैसा सुख हैं?
इसका भी अनुभव हुआ था भली-भाँति मुझे
किन्तु वह छलना थी मिथ्या अधिकार की।

जिस दिन सुना अकिंचन परिवारी ने;
आजीवन दास ने, रक्त से रँगे हुए;
अपने ही हाथों पहना है राज मुकुट।

अन्त कर दास राजवंश का,
लेकर प्रचंड प्रतिशोध निज स्वामी का
मानिक ने, खुसरु के नाम से
शासन का दंड किया ग्रहण सदर्प हैं।
उसी दिन जान सकी अपनी मैं सच्ची स्थिति
मैं हूँ किस तल पर?
सैकड़ों ही वृश्चिकों का डंक लगा एक साथ
मैं जो करने थी आई
उसे किया मानिक ने।
खुसरु ने!!

उद्धत प्रभुत्व का
वात्याचक्र! उठा प्रतिशोध-दावानल में
कह गया अभी-अभी नीच परिवारी वह!
"नारी यह रूप तेरा जीवित अभिशाप हैं
जिसमें पवित्रता की छाया भी पड़ी नहीं।
जितने उत्पीड़न थे चूर हो दबे हुए,
अपना अस्तित्व हैं पुकारते,
नश्वर संसार में
ठोस प्रतिहिंसा की प्रतिध्वनि है चाहते।"
"लूटा था दृप्त अधिकार में
जितना विभव, रूप, शील और गौरव को
आज वे स्वतंत्र हो बिखरते है!
एक माया-स्रोत-सा
हो रहा है लोप इन आँखों के सामने।"

देख कमलावती।
ढुलक रही हैं हिम-बिन्द-सी
सत्ता सौन्दर्य के चपल आवरण की।
हँसती है वासना की छलना पिशाची-सी

छिपकर चारों और व्रीड़ा की अँगुलियाँ
करती संकेत हैं व्यंग्य उपहास में।
ले चली बहाती हुई अन्ध के अतल में
वेग भरी वासना
अन्तक शरभ के
काले-काले पंख ढकते हैं अन्ध तम से।
पुण्य ज्योति हीन कलुषित सौन्दर्य का-
गिरता नक्षत्र नीचे कालिमा की धारा-सा
असफल सृष्टि सोती-
प्रलय की छाया में।

ले चल वहाँ भुलावा देकर

ले चल वहाँ भुलावा देकर
मेरे नाविक! धीरे-धीरे।
जिस निर्जन में सागर लहरी,
अम्बर के कानों में गहरी,
निश्छल प्रेम-कथा कहती हो-
तज कोलाहल की अवनी रे।

जहाँ साँझ-सी जीवन-छाया,
ढीली अपनी कोमल काया,
नील नयन से ढुलकाती हो-
ताराओं की पाँति घनी रे।

जिस गम्भीर मधुर छाया में,
विश्व चित्र-पट चल माया में,
विभुता विभु-सी पड़े दिखाई-
दुख-सुख बाली सत्य बनी रे।

श्रम-विश्राम क्षितिज-वेला से
जहाँ सृजन करते मेला से,
अमर जागरण उषा नयन से-
बिखराती हो ज्योति घनी रे!

निज अलकों के अंधकार में

निज अलकों के अन्धकार मे
तुम कैसे छिप आओगे?
इतना सजग कुतूहल! ठहरो,
यह न कभी बन पाओगे!

आह, चूम लूँ जिन चरणों को
चाँप-चाँपकर उन्हें नहीं
दुख दो इतना, अरे अरुणिमा
ऊषा-सी वह उधर बही।

वसुधा चरण-चिह्न-सी बनकर
यहीं पड़ी रह जावेगी।
प्राची रज कुंकुम ले चाहे
अपना भाल सजावेगी।

देख मैं लूँ इतनी ही तो है इच्छा?
लो सिर झुका हुआ।
कोमल किरन-उँगलियो से ढँक दोगे
यह दृग खुला हुआ।

फिर कह दोगे;पहचानो तो
मैं हूँ कौन बताओ तो।
किन्तु उन्हीं अधरों से, पहले
उनकी हँसी दबाओ तो।

सिहर रेत निज शिथिल मृदुल
अंचल को अधरों से पकड़ो।
बेला बीत चली हैं चंचल
बाहु-लता से आ जकड़ो।

तुम हो कौन और मैं क्या हूँ?
इसमें क्या है धरा, सुनो,
मानस जलधि रहे चिर चुम्बित
मेरे क्षितिज! उदार बनो।

मधुप गुनगुनाकर कह जाता

मधुप गुनगुना कर कह जाता कौन कहानी अपनी,
मुरझा कर गिर रही पत्तियां देखो कितनी आज घनी

इस गंभीर अनंत नीलिमा में अस्संख्य जीवन-इतिहास-
यह लो, करते ही रहते हैं अपना व्यंग्य-मलिन उपहास

तब बही कहते हो-काह डालूं दुर्बलता अपनी बीती!
तुम सुनकर सुख पाओगे, देखोगे – यह गागर रीती

किन्तु कहीं ऐसा ना हो की तुम खली करने वाले-
अपने को समझो-मेरा रस ले अपनी भरने वाले

यह विडम्बना! अरी सरलते तेरी हँसी उड़ाऊँ मैं
भूलें अपनी, या प्रवंचना औरों की दिखलाऊं मैं

उज्जवल गाथा कैसे गाऊं मधुर चाँदनी रातों की
अरे खिलखिला कार हसते होने वाली उन बातों की

मिला कहाँ वो सुख जिसका मैं स्वप्न देख कार जाग गया?
आलिंगन में आते-आते मुसक्या कर जो भाग गया

जिसके अरुण-कपोलों की मतवाली सुंदर छाया में
अनुरागिनी उषा लेती थी निज सुहाग मधुमाया में

उसकी स्मृति पाथेय बनी है थके पथिक की पन्था की
सीवन को उधेड कर देखोगे क्यों मेरी कन्था की?

छोटे-से जीवन की कैसे बड़ी कथाएं आज कहूँ?
क्या ये अच्छा नहीं कि औरों की सुनता मैं मौन रहूँ?

सुनकर क्या तुम भला करोगे-मेरी भोली आत्म-कथा?
अभी समय बही नहीं- थकी सोई है मेरी मौन व्यथा

अरी वरुणा की शांत कछार

अरी वरुणा की शांत कछार!
तपस्वी के वीराग की प्यार!

सतत व्याकुलता के विश्राम, अरे ऋषियों के कानन कुञ्ज!
जगत नश्वरता के लघु त्राण, लता, पादप,सुमनों के पुञ्ज!
तुम्हारी कुटियों में चुपचाप, चल रहा था उज्ज्वल व्यापार
स्वर्ग की वसुधा से शुचि संधि, गूंजता था जिससे संसार

अरी वरुणा की शांत कछार!
तपस्वी के वीराग की प्यार!

तुम्हारे कुंजो में तल्लीन, दर्शनों के होते थे वाद
देवताओं के प्रादुर्भाव, स्वर्ग के सपनों के संवाद
स्निग्ध तरु की छाया में बैठ, परिषदें करती थी सुनिचार-
भाग कितना लेगा मस्तिष्क,हृदय का कितना है अधिकार?

अरी वरुणा की शांत कछार!
तपस्वी के वीराग की प्यार!

छोड़कर पार्थिव भोग विभूति, प्रेयसी का दुर्लभ वह प्यार
पिता का वक्ष भरा वात्सल्य, पुत्र का शैशव सुलभ दुलार
दुःख का करके सत्य निदान, प्राणियों का करने उद्धार
सुनाने आरण्यक संवाद, तथागत आया तेरे द्वार

अरी वरुणा की शांत कछार!
तपस्वी के वीराग की प्यार!

मुक्ति जल की वह शीतल बाढ़,जगत की ज्वाला करती शांत
तिमिर का हरने को दुख भार, तेज अमिताभ अलौकिक कांत
देव कर से पीड़ित विक्षुब्ध, प्राणियों से कह उठा पुकार–
तोड़ सकते हो तुम भव-बंध, तुम्हें है यह पूरा अधिकार

अरी वरुणा की शांत कछार!
तपस्वी के वीराग की प्यार!

छोड़कर जीवन के अतिवाद, मध्य पथ से लो सुगति सुधार.
दुःख का समुदय उसका नाश, तुम्हारे कर्मो का व्यापार

विश्व-मानवता का जयघोष, यहीं पर हुआ जलद-स्वर-मंद्र
मिला था वह पावन आदेश, आज भी साक्षी है रवि-चंद्र

अरी वरुणा की शांत कछार!
तपस्वी के वीराग की प्यार!

तुम्हारा वह अभिनंदन दिव्य और उस यश का विमल प्रचार
सकल वसुधा को दे संदेश, धन्य होता है बारम्बार
आज कितनी शताब्दियों बाद, उठी ध्वंसों में वह झंकार
प्रतिध्वनि जिसकी सुने दिगन्त, विश्व वाणी का बने विहार

हे सागर संगम अरुण नील

हे सागर संगम अरुण नील!

अतलान्त महा गंभीर जलधि
तज कर अपनी यह नियत अवधि,
लहरों के भीषण हासों में
आकर खारे उच्छ्वासों में

युग युग की मधुर कामना के
बन्धन को देता ढील।
हे सागर संगम अरुण नील।

पिंगल किरनों-सी मधु-लेखा,
हिमशैल बालिका को तूने कब देखा!

कवरल संगीत सुनाती,
किस अतीत युग की गाथा गाती आती।

आगमन अनन्त मिलन बनकर
बिखराता फेनिल तरल खील।
हे सागर संगम अरुण नील!

आकुल अकूल बनने आती,
अब तक तो है वह आती,

देवलोक की अमृत कथा की माया
छोड़ हरित कानन की आलस छाया

विश्राम माँगती अपना।
जिसका देखा था सपना

निस्सीम व्योम तल नील अंक में
अरुण ज्योति की झील बनेगी कब सलील?
हे सागर संगम अरुण नील!

उस दिन जब जीवन के पथ में

उस दिन जब जीवन के पथ में,
छिन्न पात्र ले कम्पित कर में,
मधु-भिक्षा की रटन अधर में,
इस अनजाने निकट नगर में,
आ पहुँचा था एक अकिंचन।

उस दिन जब जीवन के पथ में,
लोगों की आखें ललचाईं,
स्वयं माँगने को कुछ आईं,
मधु सरिता उफनी अकुलाईं,
देने को अपना संचित धन।

उस दिन जब जीवन के पथ में,
फूलों ने पंखुरियाँ खोलीं,
आँखें करने लगी ठिठोली;
हृदय ने न सम्हाली झोली,
लुटने लगे विकल पागल मन।

उस दिन जब जीवन के पथ में,
छिन्न पात्र में था भर आता
वह रस बरबस था न समाता;
स्वयं चकित-सा समझ न पाता
कहाँ छिपा था, ऐसा मधुवन!

उस दिन जब जीवन के पथ में,
मधु-मंगल की वर्षा होती,
काँटों ने भी पहना मोती,
जिसे बटोर रही थी रोती
आशा, समझ मिला अपना धन।

आँखों से अलख जगाने को

आँखों से अलख जगाने को,
यह आज भैरवी आई है
उषा-सी आँखों में कितनी,
मादकता भरी ललाई है

कहता दिगन्त से मलय पवन
प्राची की लाज भरी चितवन-
है रात घूम आई मधुबन,
यह आलस की अंगराई है

लहरों में यह क्रीड़ा-चंचल,
सागर का उद्वेलित अंचल
है पोंछ रहा आँखें छलछल,
किसने यह चोट लगाई है?

आह रे, वह अधीर यौवन

आह रे, वह अधीर यौवन!

मत्त-मारुत पर चढ़ उद्भ्रांत,
बरसने ज्यों मदिरा अश्रांत-
सिंधु वेला-सी घन मंडली,
अखिल किरणों को ढँककर चली,
भावना के निस्सीम गगन,
बुद्धि-चपला का क्षण–नर्तन-
चूमने को अपना जीवन,
चला था वह अधीर यौवन!
आह रे, वह अधीर यौवन!

अधर में वह अधरों की प्यास,
नयन में दर्शन का विश्वास,
धमनियों में आलिन्गनमयी–
वेदना लिये व्यथाएँ नयी,
टूटते जिससे सब बंधन,
सरस सीकर से जीवन-कन,
बिखर भर देते अखिल भुवन,
वही पागल अधीर यौवन!
आह रे, वह अधीर यौवन!

मधुर जीवन के पूर्ण विकास,
विश्व-मधु-ऋतु के कुसुम-विकास,
ठहर, भर आँखों देख नयी-
भूमिका अपनी रंगमयी,
अखिल की लघुता आई बन–
समय का सुन्दर वातायन,
देखने को अदृष्ट नर्तन
अरे अभिलाषा के यौवन!
आह रे, वह अधीर यौवन!!

तुम्हारी आँखों का बचपन

तुम्हारी आँखों का बचपन!

खेलता था जब अल्हड़ खेल,
अजिर के उर में भरा कुलेल,
हारता था हँस-हँस कर मन,
आह रे, व्यतीत जीवन!

साथ ले सहचर सरस वसन्त,
चंक्रमण करता मधुर दिगन्त,
गूँजता किलकारी निस्वन,
पुलक उठता तब मलय-पवन।

स्निग्ध संकेतों में सुकुमार,
बिछल, चल थक जाता जब हार,
छिड़कता अपना गीलापन,
उसी रस में तिरता जीवन।

आज भी हैं क्या नित्य किशोर
उसी क्रीड़ा में भाव विभोर
सरलता का वह अपनापन
आज भी हैं क्या मेरा धन!

तुम्हारी आँखों का बचपन!

अब जागो जीवन के प्रभात

अब जागो जीवन के प्रभात!

वसुधा पर ओस बने बिखरे
हिमकन आँसू जो क्षोम भरे
ऊषा बटोरती अरुण गात!

तम-नयनो की ताराएँ सब
मुँद रही किरण दल में हैं अब,
चल रहा सुखद यह मलय वात!

रजनी की लाज समेटी तो,
कलरव से उठ कर भेंटो तो,
अरुणांचल में चल रही वात।

कोमल कुसुमों की मधुर रात

कोमल कुसुमों की मधुर रात!

शशि-शतदल का यह सुख विकास,
जिसमें निर्मल हो रहा हास,
उसकी सांसो का मलय वात!
कोमल कुसुमों की मधुर रात!

वह लाज भरी कलियाँ अनंत,
परिमल-घूँघट ढँक रहा दन्त,
कंप-कंप चुप-चुप कर रही बात.
कोमल कुसुमों की मधुर रात!

नक्षत्र-कुमुद की अलस माल,
वह शिथिल हँसी का सजल जाल-
जिसमें खिल खुलते किरण पात
कोमल कुसुमों की मधुर रात!

कितने लघु-लघु कुडलम अधीर,
गिरते बन शिशिर-सुगंध-नीर,
हों रहा विश्व सुख-पुलक गात

कितने दिन जीवन जल-निधि में

कितने दिन जीवन जल-निधि में

विकल अनिल से प्रेरित होकर
लहरी, कूल चूमने चलकर
उठती गिरती-सी रुक-रुककर
सृजन करेगी छवि गति-विधि में!

कितनी मधु-संगीत-निनादित
गाथाएँ निज ले चिर-संचित
तरल तान गावेगी वंचित!
पागल-सी इस पथ निरवधि में!

दिनकर हिमकर तारा के दल
इसके मुकुर वक्ष में निर्मल
चित्र बनायेंगे निज चंचल!
आशा की माधुरी अवधि में!

मेरी आँखों की पुतली में

मेरी आँखों की पुतली में
तू बनकर प्रान समा जा रे!

जिसके कन-कन में स्पन्दन हो,
मन में मलयानिल चन्दन हो,
करुणा का नव-अभिनन्दन हो
वह जीवन गीत सुना जा रे!

खिंच जाये अधर पर वह रेखा
जिसमें अंकित हो मधु लेखा,
जिसको वह विश्व करे देखा,
वह स्मिति का चित्र बना जा रे!

जग की सजल कालिमा रजनी

जग की सजल कालिमा रजनी में मुखचन्द्र दिखा जाओ
हृदय अँधेरी झोली इनमे ज्योति भीख देने आओ
प्राणों की व्याकुल पुकार पर एक मींड़ ठहरा जाओ
प्रेम वेणु की स्वर- लहरी में जीवन - गीत सुना जाओ

स्नेहालिंगन की लतिकाओं की झुरमुट छा जाने दो
जीवन-धन! इस जले जगत को वृन्दावन बन जाने दो

वसुधा के अंचल पर

वसुधा के अंचल पर
यह क्या कन-कन-सा गया बिखर?
जल शिशु की चंचल कीड़ा-सा,
जैसे सरसिज दल पर।

लालसा निराशा में ढलमल
वेदना और सुख में विह्वल
यह क्या है रे मानव जीवन?
कितना है रहा निखर।

मिलने चलने जब दो कन,
आकर्षण-मय चुम्बन बन,
दल के नस-नस मे बह जाती
लघु-लघु धारा सुन्दर।

हिलता-ढुलता चंचल दल,
ये सब कितने हैं रहे मचल
कन-कन अनन्त अम्बुधि बनते।
कब रुकती लीला निष्ठर।

तब क्यों रे फिर यह सब क्यों?
यह रोष भरी लाली क्यों?
गिरने दे नयनों से उज्जवल
आँसू के कन मनहर।

वसुधा के अंचल पर।

अपलक जगती हो एक रात

अपलक जगती हो एक रात!

सब सोये हों इस भूतल में,
अपनी निरीहता सम्बल में
चलती हो कोई भी न बात!

पथ सोये हों हरियाली में,
हों सुमन सो रहे डाली में,
हो अलस उनींदी नखत पाँत!

नीरव प्रशान्ति का मौन बना,
चुपके किसलय से बिछल छता;
थकता हो पंथी मलय-बात।

वक्षस्थल में जो छिपे हुए
सोते हों हृदय अभाव लिए
उनके स्वप्नों का हो न प्रात।

जगती की मंगलमयी उषा बन

जगती की मंगलमयी उषा बन,
करुणा उस दिन आई थी,
जिसके नव गैरिक अंचल की प्राची में भरी ललाई थी।

भय- संकुल रजनी बीत गई,
भव की व्याकुलता दूर गई,
घन-तिमिर-भार के लिए तड़ित स्वर्गीय किरण बन आई थी।

खिलती पंखुरी पंकज- वन की,
खुल रही आँख रिषी पत्तन की,
दुख की निर्ममता निरख कुसुम -रस के मिस जो भार आई थी।

कल-कल नादिनी बहती-बहती-
प्राणी दुख की गाथा कहती-
वरूणा द्रव होकर शांति-वारि शीतलता-सी भर लाई थी।

पुलकित मलयानिल कूलो में,
भरता अंजलि था फूलों में ,
स्वागत था अभया वाणी का निष्ठरता लिये बिदाई थी।

उन शांत तपोवन कुंजो में,
कुटियों, त्रिन विरुध पुंजो में,
उटजों में था आलोक भरा कुसुमित लतिका झुक आई थी।

मृग मधुर जुगाली करते से,
खग कलरव में स्वर भरते से,
विपदा से पूछ रहे किसकी पद्ध्वनी सुनने में आई थी।

प्राची का पथिक चला आता ,
नभ पद- पराग से भर जाता,
वे थे पुनीत परमाणु दया ने जिसने सृष्टि बनाई थी।
तप की तारुन्यमयी प्रतिमा,
प्रज्ञा पारमिता की गरिमा,
इस व्यथित विश्व की चेतनता गौतम सजीव बन आई थी।

उस पावन दिन की पुण्यमयी,
स्मृति लिये धारा है धैर्यमयी,

जब धर्म- चक्र के सतत-प्रवर्तन की प्रसन्न ध्वनि छाई थी।

युग-युग की नव मानवता को,
विस्तृत वसुधा की विभुता को,
कल्याण संघ की जन्मभूमि आमंत्रित करती आई थी।

स्मृति-चिन्हों की जर्जरता में,
निष्ठर कर की बर्बरता में,
भूलें हम वह संदेश न जिसने फेरी धर्म दुहाई थी।

चिर तृषित कंठ से तृप्त-विधुर

चिर संचित कंठ से तृप्त-विधुर
वह कौन अकिंचन अति आतुर
अत्यंत तिरस्कृत अर्थ सदृश
ध्वनि कम्पित करता बार-बार,
धीरे से वह उठता पुकार-
मुझको न मिला रे कभी प्यार।

सागर लहरों सा आलिंगन
निष्फल उठकर गिरता प्रतिदिन
जल वैभव है सीमा-विहीन
वह रहा एक कन को निहार,
धीरे से वह उठता पुकार-
मुझको न मिला रे कभी प्यार।

अकरुण वसुधा से एक झलक
वह स्मृत मिलने को रहा ललक
जिसके प्रकाश में सकल कर्म
बनते कोमल उज्जवल उदार,
धीरे से वह उठता पुकार-
मुझको न मिला रे कभी प्यार।

फैलाती है जब उषा राग
जग जाता है उसका विराग
वंचकता, पीड़ा, घ्रिना, मोह
मिलकर बिखेरते अंधकार,
धीरे से वह उठता पुकार-
मुझको न मिला रे कभी प्यार।

ढल विरल डालियाँ भरी मुकुल
झुकती सौरभ रस लिये अतुल
अपने विषद -विष में मूर्छित
काँटों से बिंध कर बार बार,
धीरे से वह उठता पुकार-
मुझको न मिला रे कही प्यार।

जीवन रजनी का अमल इंदु

न मिला स्वाति का एक बिंदु
जो हृदय सीप में मोती बन
पूरा कर देता लक्षहार,
धीरे से वह उठता पुकार-
मुझको न मिला रे कभी प्यार।

पागल रे! वह मिलता है कब
उसको तो देते ही हैं सब
आँसू के कन-कन से गिन कर
यह विश्व लिये है ऋण उधर,
तू क्यों फिर उठता है पुकार?
मुझको न मिला रे कभी प्यार।

काली आँखों का अंधकार

काली आँखों का अन्धकार
तब हो जाता है वार पार,
मद पिये अचेतन कलाकार
उन्मीलित करता क्षितिज पार

वह चित्र! रंग का ले बहार
जिसमें हैं केवल प्यार प्यार!

केवल स्मितिमय चाँदनी रात,
तारा किरनों से पुलक गात,
मधुपों मुकुलों के चले घात,
आता हैं चुपके मलय वात,

सपनों के बादल का दुलार।
तब दे जाता हैं बूँद चार!

तब लहरों-सा उठकर अधीर
तू मधुर व्यथा-सा शून्य चीर,
सूखे किसलय-सा भरा पीर
गिर जा पतझड़ का पा समीर।

पहने छाती पर तरल हार।
पागल पुकार फिर प्यार प्यार!

अरे कहीं देखा है तुमने

अरे कहीं देखा हैं तुमने
मुझे प्यार करनेवाले को?
मेरी आँखों में आकर फिर
आँसू बन ढरनेवाले को?

सूने नभ में आग जलाकर
यह सुवर्ण-सा हृदय गलाकर
जीवन सन्ध्या को नहलाकर
रिक्त जलधि भरनेवाले को?

रजनी के लघु-तम कन में
जगती की ऊष्मा के वन में
उस पर पड़ते तुहिन सघन में
छिप, मुझसे डरनेवाले को?

निष्ठर खेलों पर जो अपने
रहा देखता सुख के सपने
आज लगा है क्या वह कँपने
देख मौन मरनेवाले को?

शशि-सी वह सुन्दर रूप विभा

शशि-सी वह सन्दर रूप विभा
चाहे न मुझे दिखलाना।
उसकी निर्मल शीलत छाया
हिमकन को बिखरा जाना।

संसार स्वप्र बनकर दिन-सा
आया हैं नहीं जगाने,
मेरे जीवन के सुख निशीध!
जाते-जाते रूक जाना।

हाँ, इन जाने की घड़ियों
कुछ ठहर नहीं जाओगे?
छाया पथ में विश्राम नहीं,
है केवल चलते जाना।

मेरा अनुराग फैलने दो,
नभ के अभिनव कलरव में,
जाकर सूनेपन के तम में
बन किरन कभी आ जाना।

अरे! आ गई है भूली-सी

अरे! आ गई है भूली-सी-
यह मधु ऋतु दो दिन को,
छोटी सी कुटिया मैं रच दूं,
नयी व्यथा-साथिन को!

वसुधा नीचे ऊपर नभ हो,
नीड़ अलग सबसे हो,
झारखण्ड के चिर पतझड में
भागो सूखे तिनको!

आशा से अंकुर झूलेंगे
पल्लव पुलकित होंगे,
मेरे किसलय का लघु भव यह,
आह, खलेगा किन को?

सिहर भरी कपती आवेंगी
मलयानिल की लहरें,
चुम्बन लेकर और जगाकर-
मानस नयन नलिन को

जवा- कुसुम -सी उषा खिलेगी
मेरी लघु प्राची में,
हँसी भरे उस अरुण अधर का
राग रंगेगा दिन को

अंधकार का जलधि लांघकर
आवेंगी शशि- किरणे,
अंतरिक्ष छिरकेगा कन-कन
निशि में मधुर तुहिन को

एक एकांत सृजन में कोई
कुछ बाधा मत डालो,
जो कुछ अपने सुंदर से हैं
दे देने दो इनको

निधरक तूने ठुकराया तब

निधरक तूने ठुकराया तब
मेरी टूटी मधु प्याली को,
उसके सूखे अधर माँगते
तेरे चरणों की लाली को।

जीवन-रस के बचे हुए कन,
बिखरे अम्बर में आँसू बन,
वही दे रहा था सावन घन
वसुधा की इस हरियाली को।

निदय हृदय में हूक उठी क्या,
सोकर पहली चूक उठी क्या,
अरें कसक वह फूक उठी क्या,
झंकृत कर सूखी डाली को?

प्राणों के प्यासे मतवाले
ओ झंझा से चलनेवाले।
ढलें और विस्मृति के प्याले,
सोच न कृति मिटनेवाली को।

ओ री मानस की गहराई

ओ री मानस की गहराई!

तू सुप्त, शान्त कितनी शीतल
निर्वात मेघ ज्यों पूरित जल
नव मुकुर नीलमणि फलक अमल,
ओ पारदर्शिका! चिर चंचल
यह विश्व बना हैं परछाई!

तेरा विषाद द्रव तरल-तरल
मूर्च्छित न रहे ज्यों पिये गरल
सुख-लहर उठा री सरल-सरल
लघु-लघु सुन्दर-सुन्दर अविरल,
तू हँस जीवन की सुधराई!

हँस, झिलमिल हो लें तारा गन,
हँस खिले कुंज में सकल सुमन,
हँस, बिखरें मधु मरन्द के कन,
बनकर संसृति के तव श्रम कन,
सब कहें दें 'वह राका आई!'

हँस ले भय शोक प्रेम या रण,
हँस ले काला पट ओढ़ मरण,
हँस ले जीवन के लघु-लघु क्षण,
देकर निज चुम्बन के मधुकण,
नाविक अतीत की उत्तराई!

मधुर माधवी संध्या में

मधुर माधवी संध्या मे जब रागारुण रवि होता अस्त,
विरल मृदल दलवाली डालों में उलझा समीर जब व्यस्त,

प्यार भरे शमालम अम्बर में जब कोकिल की कूक अधीर
नृत्य शिथिल बिछली पड़ती है वहन कर रहा है उसे समीर

तब क्यों तू अपनी आँखों में जल भरकर उदास होता,
और चाहता इतना सूना-कोई भी न पास होता,

वंचित रे! यह किस अतीत की विकल कल्पना का परिणाम?
किसी नयन की नील दिशा में क्या कर चुका विश्राम?

क्या झंकृत हो जाते हैं उन स्मृति किरणों के टूटे तार?
सूने नभ में स्वर तरंग का फैलाकर मधु पारावार,

नक्षत्रों से जब प्रकाश की रश्मि खेलने आती हैं,
तब कमलों की-सी जब सन्ध्या क्यों उदास हो जाती है?

अंतरिक्ष में अभी सो रही है

अंतरिक्ष में अभी सो रही है उषा मधुबाला,
अरे खुली भी अभी नहीं तो प्राची की मधुशाला।

सोता तारक-किरन-पुलक रोमावली मलयज वात,
लेते अंगराई नीड़ों में अलस विहंग मृदु गात,
रजनि रानी की बिखरी है म्लान कुसुम की माला,
अरे भिखारी! तू चल पड़ता लेकर टुटा प्याला।

गूंज उठी तेरी पुकार- 'कुछ मुझको भी दे देना-
कन-कन बिखरा विभव दान कर अपना यश ले लेना'

दुख-सुख के दोनों डग भरता वहन कर रहा गात,
जीवन का दिन पथ चलने में कर देगा तू रात,

तू बढ़ जाता अरे अकिंचन,छोड़ करुण स्वर अपना,
सोने वाले जग कर देंखें अपने सुख का सपना।

शेरसिंह का शस्त्र समर्पण

"ले लो यह शस्त्र है
गौरव ग्रहण करने का रहा कर मैं--
अब तो ना लेश मात्र
लाल सिंह! जीवित कलुष पंचनद का
देख दिये देता है
सिंहों का समूह नख-दंत आज अपना"

"अरी, रण - रंगिनी!
कपिशा हुई थी लाल तेरा पानी पान कर

दुर्मद तुरंत धर्म दस्युओं की त्रासिनी--
निकल,चली जा त प्रतारणा के कर से"

"अरी वह तेरी रही अंतिम जलन क्या?
तोपें मुँह खोले खड़ी देखती थी तरस से
चिलियानवाला में
आज के पराजित तो विजयी थे कल ही,
उनके स्मर वीर कल में तु नाचती
लप-लप करती थी --जीभ जैसे यम की
उठी तू न लूट त्रास भय से प्रचार को,
दारुण निराशा भरी आँखों से देखकर
दृप्त अत्याचार को
एक पुत्र-वत्सला दुराशामयी विधवा
प्रकट पुकार उठी प्राण भरी पीड़ा से--
और भी;

जन्मभूमि, दलित विकल अपमान से
त्रस्त हो कराहती थी
कैसे फिर रुकती?"
"आज विजयी हों तुमऔर हैं पराजित हम
तुम तो कहोगे, इतिहास भी कहेगा यही,
किन्तु यह विजय प्रशंसा भरी मन की--एक छलना है.
वीर भूमि पंचनद वीरता से रिक्त नहीं.
काठ के हों गोले जहाँ
आटा बारूद हों;
और पीठ पर हों दुरंत दंशनो का तरस

छाती लडती हो भरी आग,बाहु बल से
उस युद्ध में तो बस मृत्यु ही विजय है.
सतलज के तटपर मृत्यु श्यामसिंह की--
देखी होगी तुमने भी वृद्ध वीर मूर्ति वह,
तोड़ा गया पुल प्रत्यावर्तन के पथ में
अपने प्रवंचको से
लिखता अदृष्ट था विधाता वाम कर से
छल में विलीन बल--बल में विषाद था --
विकल विलास का
यवनों के हाथों से स्वतंत्रता को छीन कर
खेलता था यौवन-विलासी मत्त पंचनद--
प्रणय-विहीन एक वासना की छाया में
फिर भी लड़े थे हम निज प्राण-पण से
कहेगी शतद्रु शत-संगरों की साक्षिणी,
सिक्ख थे सजीव--
स्वत्व-रक्षा में प्रबुद्ध थे
जीना जानते थे
मरने को मानते थे सिक्ख
किन्तु, आज उनका अतीत वीर-गाथा हुई--
जीत होती जिसकी
वही है आज हारा हुआ
"उर्जस्वित रक्त और उमंग भरा मन था
जिन युवकों के मणिबंधों में अबंध बल
इतना भरा था जो
उलटता शतध्वनियों को
गोले जिनके थे गेंद
अग्निमयी क्रीड़ा थी
रक्त की नदी में सिर ऊँचा छाती कर
तैरते थे
वीर पंचनद के सपूत मातृभूमि के
सो गए प्रतारना की थपकी लगी उन्हें
छल-बलिवेदी पर आज सब सो गए
पुतली प्रणयिनी का बाहुपाश खोलकर ,
दूध भरी दूध-सी दुलार भरी माँ गोद
सूनी कर सो गए
हुआ है सुना पंचनद
भिक्षा नहीं मांगता हूँ
आज इन प्राणों की
क्योंकि, प्राण जिसका आहार, वही इसकी
रखवाली आप करता है, महाकाल ही;
शेर पंचनद का प्रवीर रणजीतसिंह
आज मरता है देखो;
सो रहा पंचनद आज उसी शोक में.

यह तलवार लो
ले लो यह थाती है"

पेशोला की प्रतिध्वनि

१

अरुण करुण बिम्ब!
वह निर्धूम भस्म रहित ज्वलन पिंड!
विकल विवर्तनों से
विरल प्रवर्तनों में
श्रमित नमित सा-
पश्चिम के व्योम में है आज निरवलम्ब सा
आहुतियाँ विश्व की अजस्र से लुटाता रहा-
सतत सहस्र कर माला से-
तेज ओज बल जो व्दंयता कदम्ब-सा

२

पेशोला की उर्मियाँ हैं शांत,घनी छाया में-
तट तरु है चित्रित तरल चित्रसारी में
झोपड़े खड़े हैं बने शिल्प से विषाद के-
दग्ध अवसाद से
धूसर जलद खंड भटक पड़े हों-
जैसे विजन अनंत में
कालिमा बिखरती है संध्या के कलंक सी,
दुन्दभि-मृदंग-तूर्य शांत स्तब्ध, मौन हैं

३

फिर भी पुकार सी है गूँज रही व्योम में-
"कौन लेगा भार यह?
कौन विचलेगा नहीं?
दुर्बलता इस अस्थिमांस की -
ठोंक कर लोहे से, परख कर वज्र से,
प्रलयोल्का खंड के निकष पर कस कर
चूर्ण अस्थि पुंज सा हँसेगा अट्टहास कौन?
साधना पिशाचों की बिखर चूर-चूर होके
धूलि सी उड़ेगी किस दृप्त फूत्कार से?

४

कौन लेगा भार यह?
जीवित है कौन?
साँस चलती है किसकी
कहता है कौन ऊँची छाती कर, मैं हूँ-
मैं हूँ- मेवाड़ में,

अरावली श्रृंग-सा समुन्नत सिर किसका?
बोलो कोई बोलो-अरे क्या तुम सब मृत हों?

५

आह, इस खेवा की!-
कौन थमता है पतवार ऐसे अंधड़ में
अंधकार-पारावार गहन नियति-सा-
उमड़ रहा है ज्योति-रेखा-हीन क्षुब्ध हो!
खींच ले चला है-
काल-धीवर अनंत में,
साँस सिफरि सी अटकी है किसी आशा में

६

आज भी पेशोला के-
तरल जल मंडलों में,
वही शब्द घूमता सा-
गूँजता विकल है
किन्तु वह ध्वनि कहाँ?
गौरव की काया पड़ी माया है प्रताप की
वही मेवाड़!
किन्तु आज प्रतिध्वनि कहाँ है?"

बीती विभावरी जाग री

बीती विभावरी जाग री!

अम्बर पनघट में डूबो रही
तारा-घट उषा नागरी।

खग-कुल कुल कुल-सा बोल रहा,
किसलय का अंचल डोल रहा,
लो यह लतिका भी भर लाई
मधु मुकुल नवल रस गागरी।

अधरों में राग अमन्द पिये,
अलकों में मलयज बन्द किये
तू अब तक सोई है आली।
आँखों मे भरे विहाग री!

चित्राधार

अयोध्या का उद्धार

(महाराज रामचन्द्र के बाद कुश को कुशावती और लव को श्रावस्ती इत्यादि राज्य मिले तथ
अयोध्या उजड़ गई। वाल्मीकि रामायण में किसी ऋषभ नामक राजा द्वारा उसके फिर से बसा
जाने का पता मिलता है; परन्तु महाकवि कालिदास ने अयोध्या का उद्धार कुश द्वारा होना लिखा है
उत्तर काण्ड के विषय में लोगों का अनुमान है कि वह बहुत पीछे बना। हो सकता है कि कालिदास
के समय में ऋषभ द्वारा अयोध्या का उद्धार होना न प्रसिद्ध रहा हो। अस्तु, इसमें कालिदास का ह
अनुसरण किया गया है।–लेखक)

"नव तमाल कल कुञ्ज सों घने
सरित-तीर अति रम्य हैं बने।
अरध रैनि महँ भीजि भावती
लसत चारु नगरी कुशावती"।।

युग याम व्यतीत यामिनी
बहुतारा किरणालि मालिनी।
निज शान्ति सुराजय थापिके
शशिकी आज बनी जु भामिनी।।

विमल विधुकला की कान्ति फैली भली है
सुललित बहुतारा हीर-हारावली है।
सरवर-जलहूं में चन्द्रमा मन्द डोलै
वर परिमल पूरो पौन कीन्हे कलोलै।।

मन मुदित मराली जै मनोहारिनी है
मदकल निज पीके संग जे चारिनी है।
तहँ कमल-विलासी हँस की पांति डोलै
द्विजकुल तरुशाखा में कबौं मन्द बोलै।

करि-करि मृदु केली वृक्ष की डालियों से
सुनि रहस कथा के गुंज को आलियों से।
लहि मुदित मरन्दै मन्द ही मन्द डोलै
यह विहरण-प्रेमी पौन कीन्हे कलोलै।।

विशद भवन माहीं रत्न दीपांकुराली
निज मधुर प्रकाशै चन्द्रमा मैं मिलाली।
बिधुकर-धवलाभा मन्दिरों की अनोखी
सरवर महँ छाया फैलि छाई सुचोखी।।

विविध चित्र बहु भांति के लगे
मणि जड़ाव चहुँ ओर जो जगे।
महल माँहि बिखरवाती विभा
मधुर गन्धमय दीप की शिखा।।

कुशराज-कुमार नींद में
सुख सोये शुचि सेज पै तहां।
बिखरे चहुँ ओर पुष्प के
सुखमा सौरभ पूर है जहां।।

मुखचन्द अमन्द सोहई
अति गंभीर सुभाव पूर है।
अधिरानहि-बीच खेलई
मुदु हाँसी सुखमा सुमूर है।।

तहँ निद्रित नैन राजहीं
नव लीला मय शील ओज हैं।
मनु इन्दहि मध्य साजहीं
युग संकोचित-से सरोज हैं।।

तहँ चारु ललाट सिंधु में
नहि चिन्ता लहरी बिराजही।
अति मन्दहि मन्द कान में
मनुवीणा ध्वनिसों सुबाजही।।

बढ़ि पश्चम राम मैं जबै
सुविपञ्ची ध्वनि कान में पड़ी।
जगि के तहँ एक भामिनी
अध मूंदे दृग ते लख्यो खड़ी।।

पुतरी पुखराज की मनो
सुचि सांचे महँ ढारि के बनी।
उतरी कोउ देव-कामिनी
छवि मालिन्य विषादसों सनी।।

कर बीन लिए बजावती
रजनी में नहिं कोउ संग है।
बनिता वर-रूप-आगरी
सहजै ही सुकुमार अंग है।।

कल-कण्ठ-ध्वनि सु कोमला
मिलि वीणा-स्वर सों सुहात है।
कुश नीरव है लखै सुनै
जनु जादू सबही लखात है।।

"तुम वा कुल के कुमार हो

हरिचन्द्रादि जहां उदार से।
निज दुःख सह्यो तज्यो नहीं
सत राख्यो उर रत्न-हारसे।।"

"अनरण्य दिलीप आदि ने
जेहिको यत्न अनेक सों रच्यो।
रघुवंश-जहाज सो लख्यो
यहि साम्राज्य महाब्धि में बच्यो।।"

"अनराजकता तरंग में
फँसि के धारनि बे अधार है।
तेहि को सबही यही कहै
"कुश" याको वर-कर्णाधार है।।"

तब वंश सुकीर्ति को सबै
अनुहास्यो उदधी वहै अजै।
निज कूलन सों बढ़ै नहीं
अरु मर्य्यादहुँ को नहीं तजै।।

"जेहि कीर्ति-कलाप-गध सों
मदमाती मलयानिलौ फिरै।
हिम शैल अधित्यकान लौं
सबको चित आनन्द सों भरै।।"

"जेहि वंश-चरित्र को लिखे
कवि वाल्मीकि अजौ सुख्यात है।
तुमही ! निज तात सामुहे
शुचि गायो वह क्यों भुलात है।।"

"जेहि राम राज्य को सदा
रहिहै या जग मांहि नाम है।
तेहि के तुमहुँ सपूत है।
चित चेतौ बिगरयौ न काम है।।"

"तुम छाइ रहे कुशवती
अरु सोये रघुवंश की ध्वजा।
उठि जागहु सुप्रभात है
जेहि जागे सुख सोवती प्रजा।।"

नीरव नील निशीथिनी
नोखी नारि निहारि।
विपति-विदारी वीरवर
बोले बचन बिचारि।।

"देवि! नाम निज धाम,
काम कौन ? मोते कहौ।

अरु तुम येहि आराम–
मांहि आगमन किमि कियो?"

"तुम रूप-निधान कामिनी
यह जैसी विमला सुयामिनी।
रघुवंशहि जानिहो सही
परनारी पर दीठ दैं नहीं।।"

"तुम क्यों बनी अति दीन?
क्यों मुख लखात मलीन?
निज दुःख मोहिं बताउ
कछु करहुं तासु उपाउ।।"

"जब लों करवाल धारिहैं
रघुवंशी दृढ़ चित्त मान के।
कुटिला भृकुटि न देखिहैं
सुरभि, ब्राह्मण औ तियान के।।"

शोचहु न चित्त महैं शंक नाहीं
मोचहु बिषाद निज हीय चाहि।
ईश्वर सहाय लहि है सहाय
मेंटहुँ तुम्हार दुख, करि उपाय।।"

सुनि अति सुख मानी सुन्दरी मंजु बानी
गदगद सु गिराते यों कह्यो दीन-बानी।
"तुम सुमति सुधारी ईश पीरा निवारी
अब सुनहु बिचारी है, कथा जो हमारी।।"

"सुख-समृद्धि सब भांति सो मुदा
रहत पूर नर नारी ये मुदा।
अवध-राज नगरी सुसोहती
लखत जाहि अलकाहु मोहती।।"

"इक्ष्वाकु आदिक की विमल–
कीरति दिगन्त प्रकासिता।
सो भई नगरी नाग-कुल–
आधीन और विलासिता।।

नहि सक्यौ सहि जब दुःख
तब आई अहौं लै के पता।
सो मोहिं जानहुं हे नरेन्द्र!
अवध नगर की देवता।।"

"जहँ लख्यो विपुल मतंग–
तुंग सदा झरै मदनीर को।
तहँ किमि लखै बहु बकत

व्यर्थ शृगालिनी के भीर को।।

जहँ हयन हेषा बिकट–
ध्वनि, शत्रु-हृदय कँपावती।
तहँ गिद्धनी-गन है सुछन्द
विहारि कै सुख पावती।।"

जहँ करत कोकिल कलित–
कोमल-नाद अतिहि सुहावने।
सो सुनि सकत नहिंका, काकन
के कुबोल भयावने।।

जहँ कामिनी कल-किंकिनी
धुनि सुनत श्रुति सुख पावहीं।
तहँ बिकत झिल्लीरव सुनत
सुकहत नहीं कछु आवहीं।।

"कुमुद" नाम इक नाग वंश है
समुझि ताहि यह वीर अंश है।
बिगत राम जनहीन दीन है
निज अधीन करि ताहि लीन है।।

उजरी नगरी तऊ तहां।
मणि-माणिक्य अनेक हैं परे।
तेहि को अधिकार में किये
सुख भोगै सब भांति सो भरे।।

रघु, दिलीप, अज आदि नृप,
दशरथ राम उदार।
पाल्यो जाको सदय है,
तासु करहु उद्धार।।

निज पूर्वज-गन की विमल–
कीरति हूं बचि जाय।
कुमुद्वती सम सुन्दरी,
औरहु लाभ लखाय।।

सुनि, बोले वरवीर
"डरहु न नेकहु चित्त में
धरे रहौ उर धीर,
काल्हि उबारौं अवध को।।"

भोर होत ही राजसभा में
बैठे रघुकुल-राई।
प्रजा, अमात्य आदि सबही ने
दियो अनेक बधाई।।

श्रोत्रिय गनहि बुलाई, सकल–
निज राज दान कै दीन्ह्यो।
और कटक सजि, अवध नगर
के हेतु पयानो कीन्ह्यो।।

जब अवध की सीमा लख्यो
तब खड़े है सह सैन के।
अरु कुमुद पहँ पठयो तबै
निज दूत, शुचि सुख दैन कै।।

"बिनु बूझि तुम अधिकृत कियौ
यह अवधि नगरि सुहावनी।
तेहि छोड़ि कै चलि जाहु,
नतु संगर करौ लै कै अनी।।"

वह तुरत आओ सैन लै,
रन-हेतु कुश कै सामुहे।
इतहूँ सुभट सब अस्त्र लै
तहँ रोष सों सबही जुहे।।

तहँ चले तीर, नराच, भल्ल,
सुमल्ल सबही भिरि गये।
तरवारि की बहु मारि बाढ़ी
दुहूं दल के अरि गये।।

बढ्यो क्रोध करि कुश कुमार
धनु को टंकारत।
प्रबल तेज शरजाल छाड़ि
चहुं दिशि हुंकारत।।

अम्बर-अवनिहि एक कीन्ह,
शर सों सब छायो।
अरगिन भरि-भरि नीर नैन
भागे मग पायो।।

कुश-प्रभाव लखि हीन होय के,
कुमुद आप हिय माहिं जोय के।
निज निवास महँ जायके छिप्यो
तबहि दूत कुश को तहाँ दिप्यो।।

परमा रमणी कुमुद्धती
धन-रत्नादि संग लै,
कुश को मिलि तोष दीजिये
नहिं तो सैन सज़ाव जंग लै।।

यहि मैं लखि निस्तार

कुमुद चल्यो कुश सों मिलन।
विविध रत्न उपहार
लै बहु धन निज संग में।।

आयो तहँ कर जोरि,
कुमुद कुमुद्वति संग लै।
बोल्यो बचन निहोरि,
व्याहहु याको राज लै।।

सुन्दरि के दृग-बान
लखे रोष सबही गयो।
छाड़यो शर संधान
अवध माँहि तबही गयो।।

कुल लक्ष्मी परताप
लख्यो सबै सुखमय नगर।
मिट्यो सकल सन्ताप
बैठे सिंहासन तबै।।

कुश-कुमुद्वती को परिणय
सबको मन भायो।
अवध नगर सुखसाज
महा सुखमा सो छायो।।

वन-मिलन

अरुण विभा विलसित-हिम-श्रृंग मुकुटवर छाजत।
मालिनि मन्द प्रवाह सुखद-सुदुकूल विराजत।।
तरुगन राजि कतहुँ मरकत-हारावलि लाजै।
सांचहु भूधरनृपति समान हिमालय राजै।।

तेहि कटि तट महँ कण्व–महर्षि तपोवन सोहैं।
सरल कटाक्षन ते हरिनी जहँ मुनि-मन मोहै।।
सरस रसाल, कदम्ब, तमालन की सुचि पांती।
धव, अशोक, अरु देव दारु, तरुगन बहुभांती।।

नव-मल्लिका, कुंद, मालती, बकुल अरु जाती।
चम्पक अरु मन्दार केतकी की बहु पांती।।
सुमन लिये साखा सह हिलत वायु के प्रेरित।
सौरभ सुभग बगारत जासों बन है सुरभित।।

वल्कल-वसन-विभूषित अंग सुमन की माला।
कर्णिकार को कर्नफूल विसवलय विसाला।।
कुंदकली-सों कलित केश-अवली भल राजत।
चम्पक-कलिका-हार सुरुचि गल-बीच विराजत।।

सुन्दर सहज सुभाव बदन पर मुनि-मन मोहैं।
सूधी बिमल चितौन मृगन से नैन लजोहैं।।
जेहि पवित्र मुख भाव लखे सबही सुर नारी।
निज बिलोल नव-हास विलासहिं करती वारी।।

बैठी मालिनि तीर सुभगवेतसी-कुंज में।
विलसत परिमल पूर समीरन केश-पुंज में।।
युगल मनोहर बनबाला अति सुन्दर सोहैं।
"प्रियम्बदा-अनुसूया!" जाके नाम मिठोहैं।।

"री अनुसूया! देखु सामुहे चम्पक-लतिका।
भरी सुरुचि सुकुमार अंग-अंगन मों कलिका।।
मन-ही-मन कुम्हिलात खिलत बेहाल विचारी।
'प्रियम्बदा' दृग भरि बोली उसास लै भारी।।

"कोमल-किसलय माहिं कली धारति अलबेली।
कुंदन-सों रंग जासु गढ़न मन हरन नवेली।।

अपर कुसुम-कलिका सों करत फिरे रंगरेली।
याहि न पूछत कोउ मधुकर सब ही अवहेली।।"

"यामें मधुर मरन्द, पराग, सुगन्ध सबै है।
सुन्दर रूप, सुरंग, जाहि-लखि और लजै है।।
पै रूखे परिमल पै सबही नाक चढ़ावत।
जैसे सूधो भाव न सब को हिय ललचावत।।

"मातो मधकर है मधु-अंध, विवेक न राखै।
मुरि मुसुक्यान मनोहर कलियन को अभिलाखै।।
सूधी चम्पक-लता नहीं जानत रस केली।
यहि विचार कोउ मधुकर नहिं अंकहि निज मेली।।"

"इनको कुटिल स्वभाव कोऊ इनको का दोखै।
स्वारथ रत परपीर नहीं जानत किमि तोखै।।
पाई समीपहिं जाही सो वाही सों पागैं।
ये तो परम विलासी, नहिं जानत अनुरागैं।।"

"बोली 'अनुसूया' यों–अनखि-तोहिं का सूझी।
जा बिनही बातन पर, बातन माहिं अरूझी।।
तुम बनबासी कोउ दूजो–नहिं सुनिबे वारो।
बन में नाच्यो मोर कहो किन आइ निहारो?"

"बहु लतिका तरु वीरूध, जे मम बाल सनेही।
तिनको सिञ्चन करहु, अहै तुव कारज एही।।
यह अशोक को पादप जामे किसलय कोमल।
औरहु परम रसाल लखहु करुना कदम्ब भल।।"

"अहै माधवी लता मृदुल-कलिका-नव धारति।
'शकुन्तला' के विरह-अश्रु की बूंद पसारति।।
निज मृणाल-सी बाहनि सों भरि गागरि आनी।
जाको सांझ-सबेरे सींचति दै-दै पानी।।"

"ये सब सींचन हेतु अबहिं-बातें तुम करतीं।
कुसुम चूनिबो और अहै, क्यों बरसत अरतीं।।
शकुन्तला को नाम सुने दूजी यों बोली–

क्यों हक नाहक दबी आग यों कहि पुनि खोली।।

पाइ राज-सुख सखियन को निज हाय! बिसारी।
बहुत दिवस बीते, निज-खबर न दीन्हीं प्यारी।।
अहो गौतमी हू कछु कहत न रजधानी की।
मम बन-बासिनि सखी जु शकुन्तला-रानी की।।"

"नगर नागरी महरानिन के सैन अनोखे।
वह सूधी बन-बाला पिय को कैसे तोखे।।

जाने दे, बिन काज कहा बैठी बतरावत।
पाइ पिया को प्रेम सखिहिं किन पूछन आवत!

अबहिं शुकहिं आहार देइबो हैं हम वारी।
बहुत अबेर भई सु कुटीरहिं चलिये प्यारी।।"
तब कश्यप को शिष्य तहां गालव चलि आयो।
"कण्व कहां है?" पूछ्यो तिनसों अति हरषायो।।

"अग्निहोत्र-शाला में"–कहि दोनों बन-बाला।
कुसुम-पात्र लीन्हों उठाइ मालति की माला।।
लजत मराली गमन लखे, वे दोनों आली।
वल्कल-वसन समेटि चली लै कुसुल उताली।।

कोकिल सों निज स्वर मिलाइ बहु बोलत बोली।
निज आश्रम पै पहुँचीं वे सब करत ठिठोली।।
कुसुम-पात्र धरि गुरु-समीप निज सिरहि झुकाई।
वन्दन कर बैठीं वे, मनकी मनहिं दुराई।।

बोल्यो गालव करि प्रणाम ऋषिवर को कर सों–
"लै संदेस हम आये हैं अपने गुरुवर सों।।
महाराज दुष्यन्त सहित निजसुत प्रियवर के।।
शकुन्तला-संग मिले, शाप छूट्यो मुनिवर के।।

"बहु ब्रत धारि अनेक कष्ट सहि पुनि सुख पायो।
सुखद पुत्र मुख चन्द्र देखि अति हिय हरषायो।।
दलित कुसुम अपमानित-हिय, बाला बेचारी।
श.कुन्तला निज पति-सुख पायो पुनि सुकुमारी।।

गद्गद कण्ठ, सिथिल-बानी पति ही सुखसानी।
बोले कण्व-महर्षि अनूपम, अविकल ज्ञानी।
"सबही दिन नहिं रहत दुःख संसार मँझारी।
कहुं दिन की है जोति कहूँ है चन्द्र उजारी।।"

प्रियम्बदा अनुसूया हूँ अति ही हिय हरषा।
आनन्दित है सुखद अश्रु निज आँखिन बरषी।।
पायो जब संवाद मनोहर निज अभिलाषित।
भयो प्रफुल्लित तबहिं वहै, तप-वन चिर-तापित।।

"हेमकूट ते उतरि मरीची के आश्रम सों।
आवत हैं दुष्यन्त-सहित निजी श्री अनुपम सों।"
मातलि आय कह्यो ज्यों ही, सब ही हिय हुलसे।
तहं आनन्दमय ध्वनि उठी तबहिं ऋषिकुल से।

शकुन्तला दुष्यन्त, बीच में भरत सुहावत।
धर्म, शांति, आनन्द, मनहुं साथहिं चलि आवत।।
देखत ही अकुलाय उठीं, तुरतहिं बन-बाला।

प्रियम्बदा, अनुसूया, बिकसी ज्यों मृदु माला।।

भाट सखी-गन सों, तबही वह रोवन लागी।
हर्ष-विषाद असीम, आनन्दित है पुनि पागी।
शकुन्तला निज बाल-सखी गल सों कहुँ लागै।
बढ़यो अधिक आवेग माहिं, नहिं गल भुज त्यागै।।

करुण, प्रेम प्रवाह बढ़यो, वा शुद्ध तपोवन।
बरसन लग्यो मनोहर मंजुल मुंद आनंद-घन।।
श्रद्धा, भक्ति, सरलता, सब ही जुरी एक छन।
चित्र-लिखे -से चुप है देखत खड़े एक मन।।

कछुक बेर पर कण्व-चरण पर निज सिर नाई।
करि प्रणाम कर जोरि, खड़े भै बिधुकुल-राई।।
कुशल पूछ पुनि कण्व, दियो आशीष अनुपम।
भरतहुँ पुनि कीन्ह्यो प्रणाम, लहि मोद महातम।।

शकुन्तला सों पालित तब, वह मृग तहं आयो।
सिर हिलाई अरु चरण-चूमि आनन्द जनायो।।
माधवि लता मनोहर की निज करते मरस्यो।।
वह तप-वन तब अधिक-मनोरम है सुचि दरस्यो।।

यज्ञ-भूमि को करि प्रणाम, आनन्द समैठे।
पूर्व मिलन के कुञ्ज मांहि, कछु छन सब बैठे।।
शकुन्तला, दुष्यन्त, भरत, मालिनी के तीरन।
बन-बासिनि वाला-युग के संग लागी बिहरन।।

प्रियम्बदा मुख चूमि भरत को लेत अंक में।
शकुन्तला अनुसूया संग बिहरत निशंक में।।
निजी बीते दिवसन की सुमधुर कथा सुनावत।
चुप है के दुष्यन्त सुनत, अति ही सुख पावत।

सरल-स्वभाव बन-बासिनि, वे सब बरबाला।
कथानुकूल सुधारत भाव–अनेक रसाला।।
पति सों बिछुरन-मिलन समय की कहि बहु बातें।
चिर दुखिया आनन्दित है सब मोद मनाते।।

प्रियम्बदा तब दुष्यन्तहिं दीन्हों उराहनो।
अहो परम धार्मिक, तेरी है बहु सराहनो।।
शकुन्तला को शाप हेतु विस्मृत तुम कीन्हों।
याही वन हम रहीं, खोज हमरी हू लीन्हों?

"अहो होत है अधिक निठुर –नर सब, नारी सों।
जों लौं मुख सामुहे अहैं तौ लौ प्यारी सों।
नहिं तो कौन कहां, को, कैसो, कासों नाते।
बहु दिन पै जो मिलै–तबौ पूछी नहिं बाते।।"

अनुसूया हंसि बोली–ये तो अति सूधे हैं।
इनको यहै स्वभाव कहा यामे तू पैहैं।।
शकुन्तला मुसक्याई कह्यो–"जाने दे सखियो।।
इनके सब बातन को अपने हिय में रखियो।।

अब यह मेरी एक विनय धरि ध्यान सुनै तू।
इनके विमल, चरित्रन को नहिं नेक गुनै तू।।
जामें फिर निंह बिछुरैं, सब यह ही मति ठानो।
सदन हमारे संग चलो अति ही सुख माने।।"

यज्ञ-प्रज्ज्वलित बन्हि, लखे सब ही प्रणाम किय।
कण्व-महर्षि आनन्दित को अभिवन्दन हूं किय।।
शकुन्तला कर जोरि पिता सों हिय सकुचाती।
कह्यो–"विनय करिबो–कुछ है पै नहिं कहि आती।।"

बोले कण्व –"कहो, जो कछु तुमको कहनो है।"
शकुन्तला ने कह्यो–"सखी-संग मोहिं रहनो है।।
इन सखियन के बिना अहो हम अति दुख पायो।"
कण्व "अस्तु" कहि सबको अति आनन्द बढ़ायो।।

कञ्चन कंकन किंकिनि को कलनाद सुनावत।
नन्दन-कानन-कुसुमदाम सौरभ सौ छावत।।
निज अमन्द सुचिचन्द–बदन सोभा दिखरावत।
जगमगात जाहिरहि जवाहिर को चमकावत।।

निज अनूप अति ओपदार आभा दिखरावत।
चञ्चल चीनांशुक अञ्चल को चलत उड़ावत।।
केश कदम्बन कलित कुसुम-कलिका बिखरावत।
मञ्ज मेनका को देख्यो सब उतरत आवत।।

यथा उचित अभिवंदन सब ही कियो परस्पर।
शकुन्तला माता सों लपटी अतिहि प्रेम भर।।
भरत-चन्द्रमुख चूमि भइ वह हिय सों हरषित।
प्रियम्बदा-अनुसूया सिरा कीन्हों कर परसित।।

कण्व दियो आसीन जाहु सब सुख सों रहियो।
जीवन के सब लाभ प्रेम परिपूरित लहियो।।
चिर बिछुरे सब मिले हिये आनन्द बढ़ावन।
मालिनी-तरल-तरंग लगी मंगल को गावन।।

प्रेम-राज्य (पूर्वार्द्ध)

बाल विभाकर सोहत, अरुण किरण अवली सों।
कृष्णा क्रीड़त निजनव, तरलित जल लहरीसों।।
मलयजधीर पवन-बन–उपवन महँ सञ्चरहीं।
कोकिल कुल कलनाद करत अति मधुर विहरहीं।।

टालीकोट सुयुद्धभूमि में प्रवलदुहूं दल।
सूर्यकेतु महाराज, विजयनगरेश महाबल।।
प्रतिपक्षी बहु यवन राज, मिलि सैन सजायो।
बीरकर्म अरु कादरता, को दृश्य दिखायो।।

सिंहद्वार पर खड़े नरेश लखैं सेना को।
बांधवराजे यूथप सँगघेरैं बहुनाको।।
सेनापति सह सैन्य, युद्धभूमिहि चल दीन्हो।
पांच वर्ष को बालक इक आगमन सुकीन्हो।।

चन्द्रोज्ज्वल मुख मधुर, विमल हाँसी को धारत।
सहज सलोने अंग, मनोहर ताहि सँवारत।।
तब नरेश निज सुतके मुख सुख में अति पागे।
हिये लाइ आनन्द सहित, मुख चूमन लागे।।

कह्यो "प्रिया को विरह, तुमहिलखि सबहि बिसारी।
किन्तु वत्स यह वीरकर्म्म, कुलप्रथा हमारी।।
सो अब तुमहि त्राण की आशा हिय महुँ धारौ।
काहि समर्पहूं तुमहिं चित्त नहिं कुछ निरधारौ।।"

आयो तहं इक भील–युथपति दुहुँ करजोरे।
चरनन पै सिरनाइ, कह्यो अति वचन निहोरे–
"महाराज ! यह राजकुंवर हमको दै देहू।
राखैंगे प्रानन प्यारे को सहित सनेहू।।

अनुज एक सह भील, सैन्य आज्ञा पालन को।
आपहिं की सेवा में है सेना चालन को।।
हिम गिरि कटि महँ, इनको लै हमहुँ चलि जैहैं।
शत्रु न कोऊ इनको, खोजनते कहुँ पैहैं।।

जब हम सुनिहैं विजय आपकी तो पुनि ऐहैं।
कीन्हैं नेक बिलम्ब न यामें कछु फल है हैं।।

"अस्तु" कह्यो पुनि शिरहि सूंघि आलिंगन कीन्हों।।
बालक को मुख चूमि, तुरत भीलहि दै दीन्हों।।

"दादा" कहि अकुलाइ उठ्यो तबहिं वह बालक।
नैनन मों भरि नीर कह्यो नरगन के पालक।।
"दादा" ये ही हैं तुम्हरे, इन्हीं को कहियो।
मेरे जीवन प्रान, सदा ही सुखसे रहियो।"

यों कहि के मुख फेरि, अश्व पै निज चढ़ि लीन्हों।
खींचि म्यान ते खड्ग युद्ध सन्मुख चलि दीन्हों।।
आवतही नरनाह, देखि सब छत्री सेना।
अति उमगित भइ अंग आनन्द अटैना।।

वीर वृद्ध महाराज, बदन पर हाँसी रेखा।
सब को हिय उत्साहित कीन्हों सब ही देखा।
जयतु जयतु महाराज, कह्यो तब सबही फौजैं।
जलधि बीर रस में, ज्यों उमड़ि उठी बहु मौजैं।।

फरकि उठे भुजदण्ड, वीर रससों उमगाहे।
चमकि उठीं तरवार, वर्म्म अरु चर्म सनाहें।।
सैना करि द्वै भाग, एक सैनप को सौंप्यो।
अरु एकहि लै आप, अकेले रनको रोप्यो।।

तब हर हर कहि कीन्ह्यो धावा शत्रुन ऊपर।
गरुड़ करत जिमि धावा, पन्नग प्रबल चमू पर।।
भिड़े वीर ढुहुँ ओर चली, कारी तलवारैं।
एक वीर सिर हेतु, अप्सरा तन मन वारैं।।

दाबि लियो क्षत्रीन, यवन के सब सेना को।
भागन को नहिं राह, घेरि लीन्हों सब नाको।।
विकल कियो तरवार मारसों व्यथित भये सब।
भागे यवन अनेक, लखै जहँही अवसर जब।।

है रणमत्त परे तबही सब पीछे छत्री।।
तुरतहिं मारै ताहि, जबहि देखैं कोउ अत्री।।
करि कादरता कछुक, यवन जे रन सों भागे।
तेऊ मिलि तब लीन्ह्यो, घेरि बीर-पथ त्यागे।।

उन क्षत्रिन संग महाराज, तिनमहं घिरि गयऊ।
सेनापति तहं तिनहि, छुड़ावन को नहिं अयऊ।।
अहो! लोभ बस करत, काज कैसे नर नारी।।
करत आत्म-मर्यादा, धर्म्म सबहि को वारी।।

राखत कछुक विचार नहीं यह पुन्य पाप सों।
निज तृष्णा को सींचत, नर नित आस"भाप" सों।।
नित्य करत जो पालन, तासों करत महाछल।

बहु विधि करत उपाय, बढ़ावन को अपनो बल।।

चाहत जासों जौन, करावत है यह तासों।
याको काउ जीतत नहिं हारे सब यासों।।
करिके बीर कर्म्म अरु लरिके निज अरगिन सों।
राखि स्वधर्म महान, टर्यो नहिं अपने पन सों।।

मारि म्लेच्छतम करि, अनूप बहु बीर काम को।
सूर्य्यकेतू तब गये, सुखद निज अस्तधाम को।।
विश्वम्भर के शांत अंक महं आश्रय लीन्हों।
आशुतोष तब आशु-शान्ति अभिनव तेहि दीन्हों।।

"भारतभूमि धन्य तुम, अनुपम खान।
भये जहां बहु रतन, अतुल महान।।
भये नृपति जहं इक्ष्वाकु बलवान।
जहां प्रियव्रत जनमे, विदित जहान।।

भये नृपति सिरमौर जाह दुष्यंत।
जन्म लियो जहं भरत सुकीर्त्ति अनन्त।।
जम्बूद्वीपहिं बांट्यो करि नवखण्ड।
निज नामते बसायो, भारतखण्ड।।

जिनके रथ सहसारथि, नभलौं जाहिं।
जिनके भुजबल-सागर को नहिं थाहि।।
जिनके शरण लहे, निर्विघ्न सुरेश।
अमरावती विराजहिं, चारु हमेश।।

जिनके प्रत्यञ्चा की, सुनि टनकार।
अरिशिर मुकुटमणिन को सहै न भार।।
भये भीष्म रणभीष्म, हरण अरिदर्प।
जामदग्निते रच्यो समर करि दर्प।।

जिनकी देव प्रतिज्ञा की सुख्याति।
गाइगाइ नहिं वाणी अजहुं अघाति।।
विजय भये जिन भये पराजय नाहिं।
जिनके भुजबल ते, प्रसन्न है चाहि।।

दियो पाशुपत व्योमकेश त्रिपुरारि।
कियो दिग्विजय डारयो शत्रुन मारि।।
जिनके क्रोध अनल महँ, स्तुवा नराच।
आहुति अक्षौहिणी, भई सुनु सांच।।

वसुन्धरे तव रक्त–पिपासा धन्य।
मरी जहां चतुरंगिनि सैन अगन्य।।"

करि कुकर्म्म यह जब वह, क्षत्री-कुल-कलंक-अति।

सेनापति यवन के, सैनप पहं निशंक मति।।
गयो लेन निज पुरस्कार, तब सब उठि धाये।
मातृ-भूमि-द्रोही कहि, अति उपहास बनाये॥

तब अति क्षुब्ध चित्त, गृहको वह लौटन लाग्यो।
देख्यो गृह के द्वार, एक बाला मन पाग्यो॥
गृह में देख्यो नाहिं कोउ अति कुण्ठित भो हिय।
ललिता को लीन्ह्यो उठाइ, अरु मुख चुम्बन किय॥

रोइ कहन लागी बाला, तब अति दुख सानी।
"छाड़ि मोंहि जननी हू, गई कहाँ नहिं जानी॥"
पुनि लखि बाला कर मह, पत्र एक अति आकुल।
लीन्हों ताहि पढ़न को, तब वह सैनप व्याकुल॥

पढ्यो ताहि "नहिं अहौ-अहौ तुम पती हमारे।
तुम्हरे सन्मुख महाराज, किमि स्वर्ग सिधारे॥
तुम आशा भय बाला को, लीन्हे हिय पोखौ।
तुमहि क्षमा हित स्वर्ग-मोंहि महराजहिं तोखौ॥"

वह निराश निज हृदय, लिये तबही कुलघालक।
कीन्हों उत्तर गमन, तबै सेना को पालक॥
कृष्ण की नव तरल बीचि, अति कृष्णा लागै।
अरु वह मलयजपवन नाहिं बहि हिय अनुरागै॥

....
....

Lector House believes that a society develops through a two-fold approach of continuous learning and adaptation, which is derived from the study of classic literary works spread across the historic timeline of literature records-Therefore, we aim at reviving, repairing and redeveloping all those inaccessible or damaged but historically as well as culturally important literature across subjects so that the future generations may have an opportunity to study and learn from past works to embark upon a journey of creating a better future.

This book is a result of an effort made by Lector House towards making a contribution to the preservation and repair of original ancient works which might hold historical significance to the approach of continuous learning across subjects

HAPPY READING & LEARNING!

LECTOR HOUSE LLP
E-MAIL: lectorpublishing@gmail.com